Impressum
Verlag: BABADADA GmbH, Nedderfeld 112 , 22529 Hamburg
Geschäftsführer / Verlagsleitung: Harald Hof
Druck: Books on Demand GmbH, In de Tarpen 42, 22848 Norderstedt

Imprint
Publisher: BABADADA GmbH, Nedderfeld 112 , 22529 Hamburg, Germany
Managing Director / Publishing direction: Harald Hof
Print: Books on Demand GmbH, In de Tarpen 42, 22848 Norderstedt

학교

學校

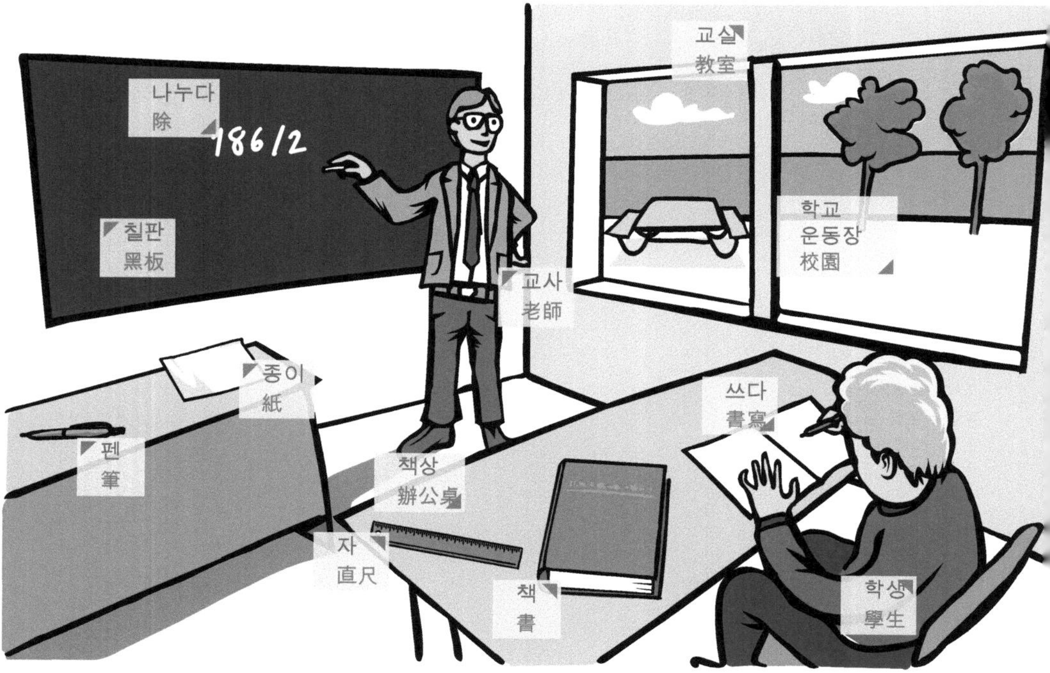

나누다
除
186/2
칠판
黑板
교사
老師
교실
教室
학교
운동장
校園
종이
紙
펜
筆
쓰다
書寫
책상
辦公桌
자
直尺
책
書
학생
學生

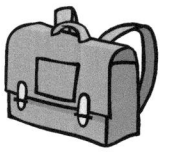

책가방

書包

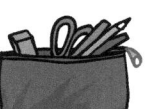

필통

鉛筆盒

연필

鉛筆

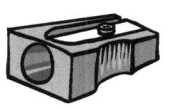

연필깎이

削鉛筆機

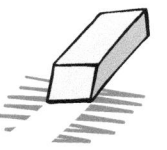

지우개

橡皮擦

스케치북

畫板

그림

圖畫

붓

畫筆

그림물감 통

顏料盒

가위

剪刀

풀

膠水

연습장

練習冊

숙제

家庭作業

숫자

數字

12

더하다

加

2+2

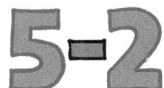

빼다

減

5-2

곱하다

乘

2×2

계산하다

計算

글자

字母

A

알파벳

字母表

ABCDEFG
HIJKLMN
OPQRSTU
VWXYZ

낱말

字

hello

텍스트

課文

읽다

讀

분필

粉筆

수업시간

上課

출석부

登記

시험

考試

증명서

證書

교복

校服

교육

教育

백과사전

百科全書

대학교

大學

현미경

顯微鏡

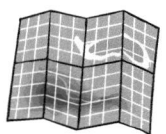

지도

地圖

휴지통

廢紙簍

여행
旅行

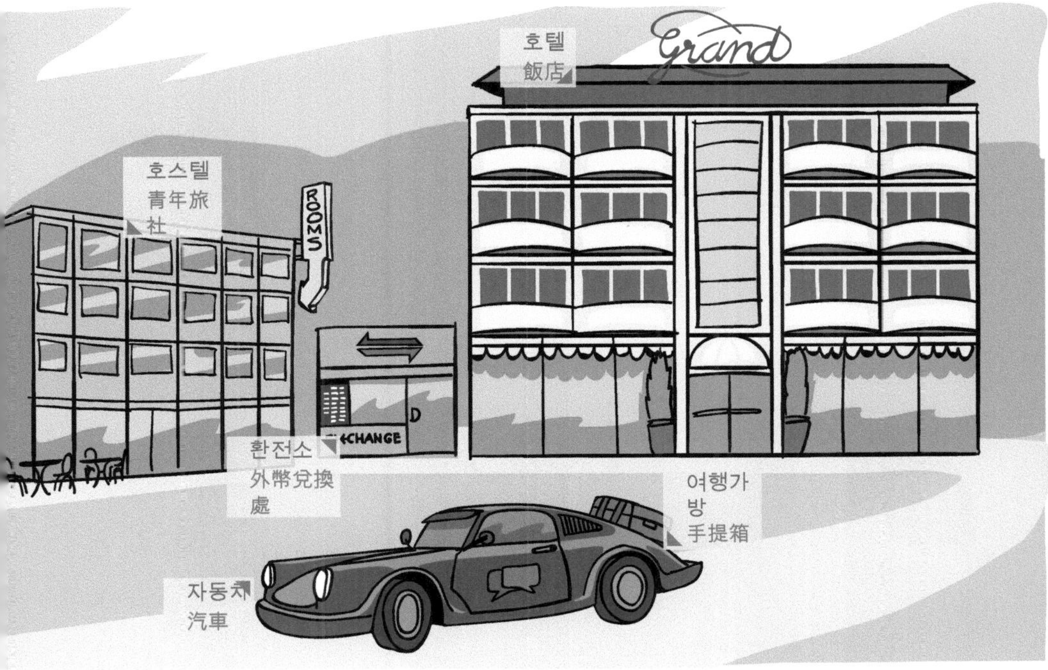

호텔
飯店
Grand
호스텔
青年旅社
ROOMS
EXCHANGE
환전소
外幣兌換處
여행가방
手提箱
자동차
汽車

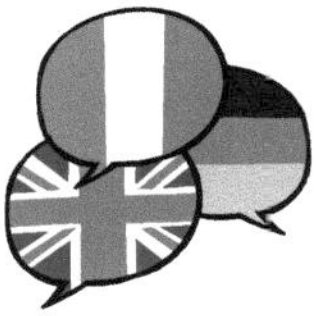

언어
語言

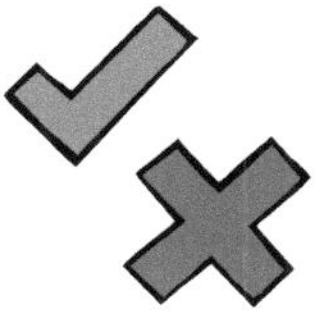

예 / 아니오
是/否

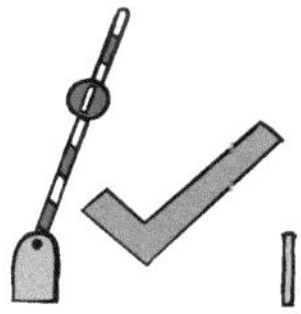

좋아
好的

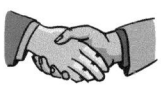

안녕
您好

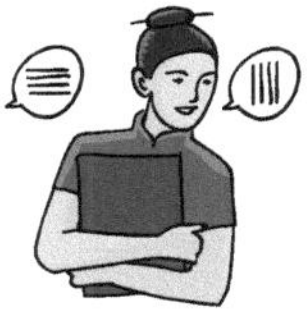

번역가
翻譯人員

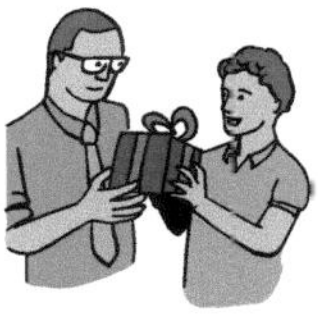

고마워, 고마워요
謝謝

... 얼마입니까?

......多少錢？

나는 이해하지 못합니다

我不明白

문제

問題

안녕하세요!

晚上好！

안녕하세요!

早上好！

잘자요!

晚安！

또 만나요

再見

방향

方向

수하물

行李

가방

包

배낭

背包

손님

客人

방

房間

침낭

睡袋

텐트

帳篷

여행 안내
旅行資訊

해변
海灘

신용카드
信用卡

아침식사
早餐

점심식사
午餐

저녁식사
晚餐

승차권
票

승강기
電梯

우표
郵票

경계
邊界

세관
海關

대사관
大使館

비자
簽證

여권
護照

운반
交通運送

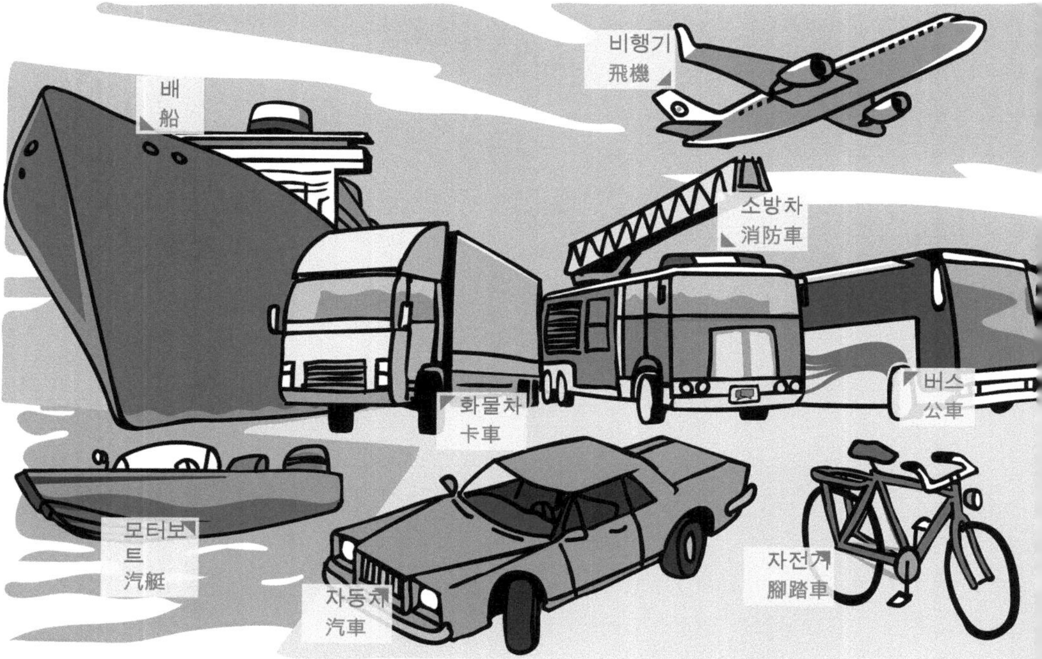

비행기
飛機
배
船
소방차
消防車
화물차
卡車
버스
公車
모터보트
汽艇
자동차
汽車
자전거
腳踏車

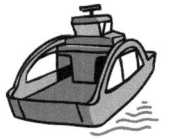

페리
渡輪

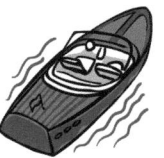

보트
小船

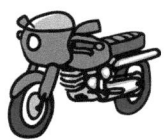

오토바이
機車

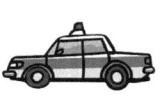

경찰차
警車

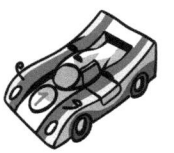

경주차
賽車

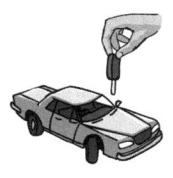

렌트카
租車

카셰어링

拼車

견인차

拖車

쓰레기차

垃圾車

모터

馬達

연료

汽油

주유소

加油站

교통 표지

交通標識

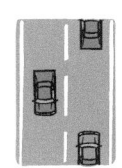

교통

交通

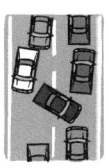

교통 정처

交通堵塞

주차장

停車場

기차역

火車站

트랙터

軌道

기차

火車

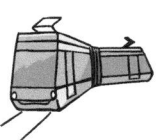

전차

路面電車

객차

客車廂

헬리콥터

直升機

공항

機場

타워

塔

승객

乘客

컨테이너

集裝箱

상자

紙板箱

카트

手推車

바구니

籃子

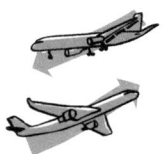

출발하다 / 도착하다

起飛/降落

도시
城市

마을

村莊

도심

市中心

집

房子

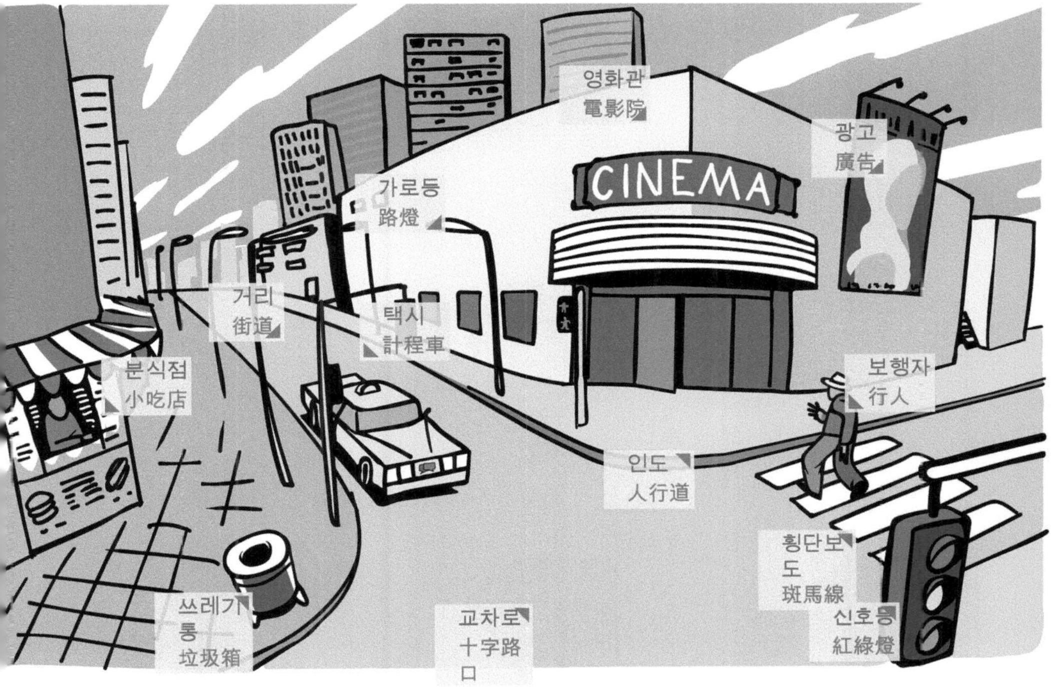
영화관
電影院
광고
廣告
가로등
路燈
CINEMA
거리
街道
택시
計程車
분식점
小吃店
보행자
行人
인도
人行道
횡단보도
斑馬線
쓰레기통
垃圾箱
교차로
十字路口
신호등
紅綠燈

오두막

小屋

주택

公寓

기차역

火車站

시청

市政廳

MUSEUM

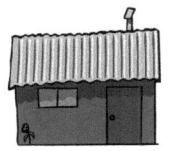

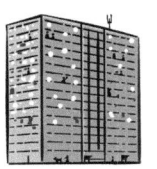

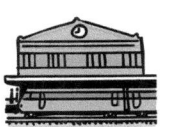

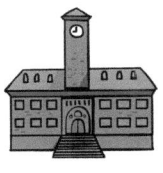

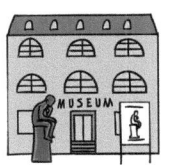

박물관

博物館

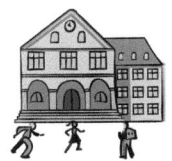

학교

學校

대학교

大學

은행

銀行

병원

醫院

호텔

飯店

약국

藥房

사무실

辦公室

서점

書店

상점

商店

꽃가게

花店

수퍼마켓

超市

시장

市場

백화점

百貨商店

생선가게

魚店

쇼핑 센터

購物中心

항구

海港

도시 - 城市

공원

公園

벤치

長凳

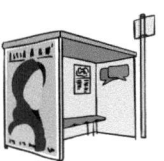

다리

橋

계단

樓梯

지하철

捷運

터널

隧道

버스 정류장

公車站

바

酒吧

레스토랑

餐館

우체통

郵筒

도로 표지판

路標

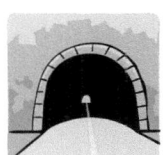

주차료 징수기

停車計時器

동물원

動物園

수영장

游泳池

모스크 사원

清真寺

도시 - 城市

농장
農場

환경오염
污染

공동묘지
墓地

교회
教堂

놀이터
操場

절
寺廟

풍경
地形

잎
樹葉

이정표
指示牌

길
路

초원
草地

돌
石頭

나무
樹

도보여행
자
徒步旅行
者

강
河

잔디
草

꽃
花

계곡

峽谷

산

丘陵

호수

湖

숲

森林

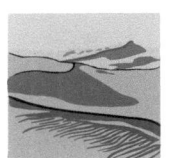

사막

沙漠

화산

火山

성

城堡

무지개

彩虹

버섯

蘑菇

야자나무

棕櫚樹

모기

蚊子

파리

蒼蠅

개미

螞蟻

벌

蜜蜂

거미

蜘蛛

딱정벌레

甲蟲

개구리

青蛙

다람쥐

松鼠

고슴도치

刺蝟

토끼

野兔

부엉이

貓頭鷹

새

鳥

백조

天鵝

맷돼지

野豬

사슴

鹿

순록

麋鹿

댐

水壩

풍력 터빈

風力發電機

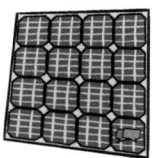

태양광 전지판

太陽能電池板

기후

氣候

레스토랑
餐館

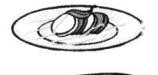

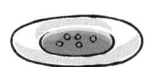

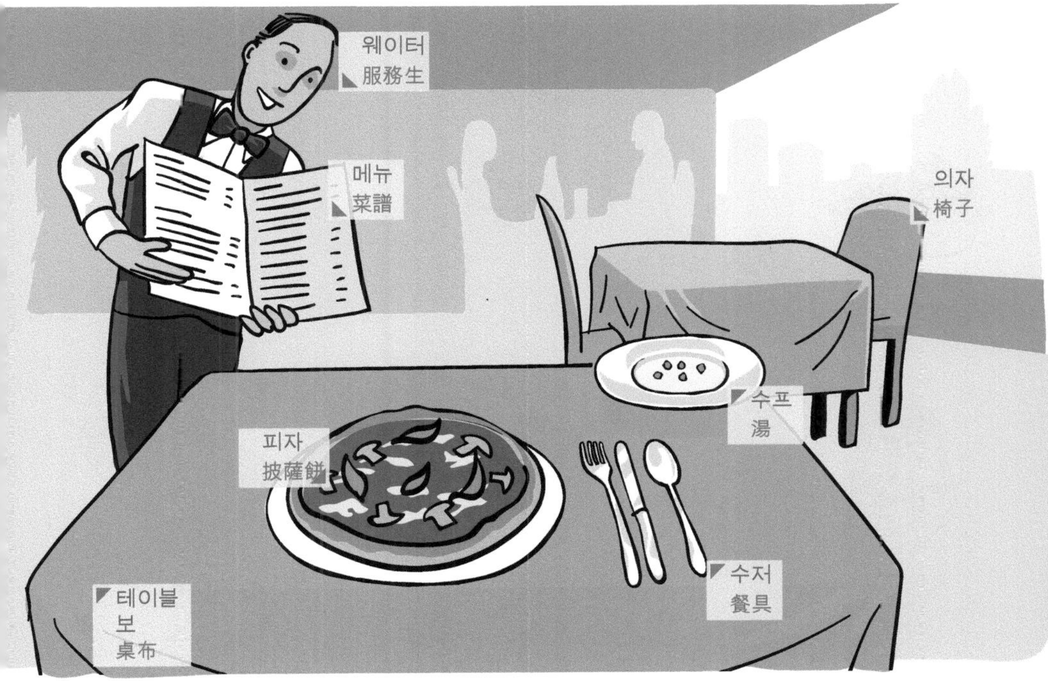

웨이터
服務生
메뉴
菜譜
의자
椅子
수프
湯
피자
披薩餅
수저
餐具
테이블
보
桌布

전채요리

前菜

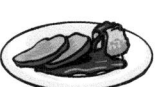

주요리

主菜

후식

甜點

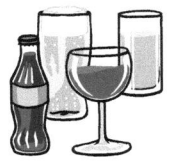

음료수

飲料

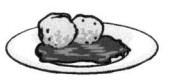

음식

食物

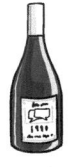

병

瓶子

인스턴트 식품

速食

길거리음식

街邊小吃

찻주전자

茶壺

설탕통

糖盒

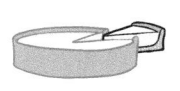

인분

一份飯菜

에스프레소 머신

義式咖啡機

높은 의자

高腳椅

계산서

帳單

쟁반

托盤

칼

刀

포크

餐叉

숟가락

勺子

찻숟가락

茶匙

냅킨

餐巾

유리잔

玻璃杯

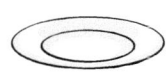

접시

碟子

수프 그릇

湯盤

컵 받침

碟子

소스

醬

소금통

鹽瓶

후추통

胡椒研磨罐

식초

醋

기름

食用油

양념

調味料

케첩

番茄醬

겨자

芥末

마요네즈

美乃滋

레스토랑 - 餐館

수퍼마켓

超市

특가 판매
特價
FOR
고객
顧客
유제품
乳製品
과일
水果
트롤리
購物車

BUTCHERS

정육점

肉鋪

BAKERY

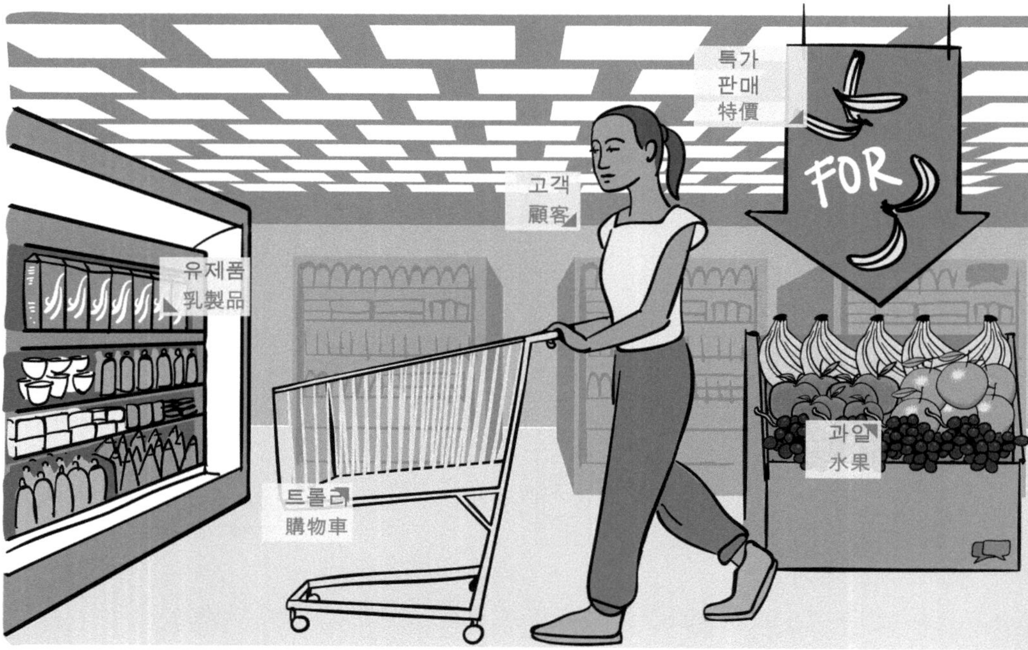

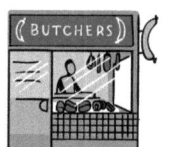

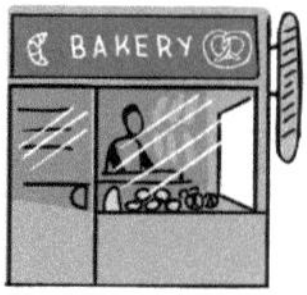

빵집

麵包店

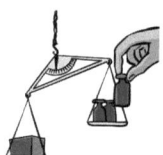

무게가 나가다

稱重

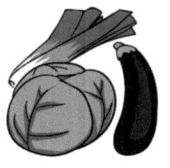

채소

蔬菜

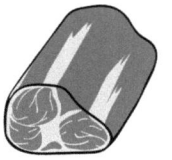

고기

肉

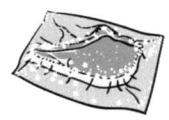

냉동식품

冷凍食品

냉육

冷盤

통조림

罐頭食品

가루 세저

洗衣粉

달콤한 간식

甜食

가정용품

日用品

세척제

清潔用品

판매원

銷售員

계산대

收銀機

계산원

收銀員

구매목록

購物清單

문 여는 시간

開放時間

지갑

錢包

신용카드

信用卡

가방

袋子

비닐 봉투

塑膠袋

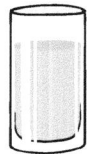

물
....
水

주스
....
果汁

우유
....
牛奶

콜라
....
可樂

와인
....
紅酒

맥주
....
啤酒

술
....
酒

카카오
....
可可

차고
....
茶

커피
....
咖啡

에스프레소
....
義式濃縮咖啡

카푸치노
....
卡布奇諾

바나나

香蕉

사과

蘋果

오렌지

柳丁

수박

西瓜

레몬

檸檬

당근

胡蘿蔔

마늘

大蒜

대나무

竹子

양파

洋蔥

버섯

蘑菇

견과류

堅果

국수

麵條

스파게티

義大利麵

쌀

米飯

샐러드

沙拉

감자칩

薯條

감자튀김

炸馬鈴薯

피자

披薩餅

햄버거

漢堡

샌드위치

三明治

커틀렛

炸豬排

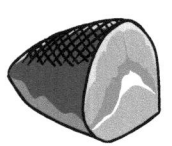

햄

火腿

살라미

義大利臘腸

소시지

香腸

닭

雞肉

구이

烤肉

생선

魚

오트밀

燕麥片

뮤슬리

木斯里

콘플레이크

玉米片

밀가루

麵粉

크루아상

牛角麵包

롤빵

麵包捲

빵

麵包

토스트

吐司

비스킷

餅乾

버터

奶油

응유

凝乳

케이크

蛋糕

달걀

蛋

계란 후라이

煎蛋

치즈

起司

아이스크림

冰淇淋

설탕

糖

꿀

蜂蜜

잼

果醬

누가 크림

巧克力醬

카레

咖哩

음식 - 食物

농장
農場

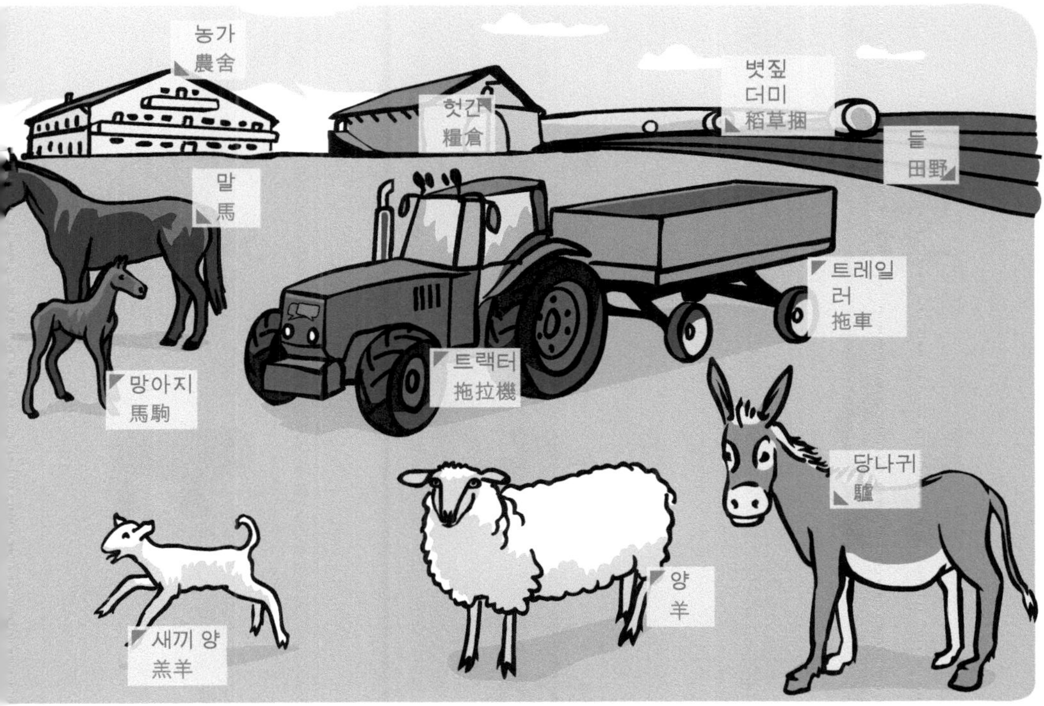
농가
農舍
헛간
糧倉
볏짚 더미
稻草捆
들
田野
말
馬
트레일러
拖車
트랙터
拖拉機
망아지
馬駒
당나귀
驢
양
羊
새끼 양
羔羊

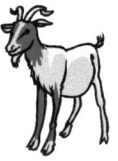

염소

山羊

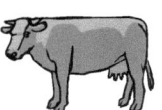

암소

奶牛

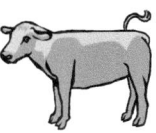

송아지

小牛

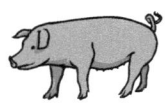

돼지

豬

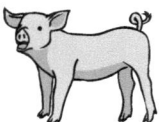

새끼 돼지

小豬

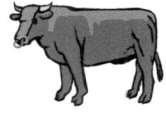

황소

公牛

거위

鵝

오리

鴨

병아리

小雞

암탉

母雞

수탉

公雞

쥐

鼠

고양이

貓

생쥐

老鼠

황소

牛

개

狗

개집

狗屋

정원용 호스

花園澆水軟管

물뿌리개

澆水壺

큰 낫

長柄大鐮刀

쟁기

犁

낫

鎌刀

괭이

鋤頭

쇠스랑

長柄草耙

도끼

斧頭

외바퀴 손수레

獨輪手推車

여물통

飼料槽

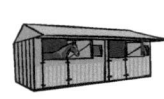

우유 캔

牛奶罐

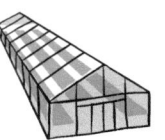

부대

麻布袋

울타리

柵欄

축사

馬廄

비닐하우스

溫室

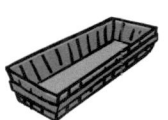

땅

土壤

씨앗

種子

거름

肥料

콤바인

聯合收割機

수확하다

收割

수확

收割

참마

地瓜

밀

小麥

콩

大豆

감자

土豆

옥수수

玉米

유채씨

油菜籽

과일나무

果樹

카사바

樹薯

곡식

穀物

굴뚝
煙囪

지붕
屋頂

낙수
홈통
落水管

창문
窗戶

차고
車庫

초인종
門鈴

문
門

쓰레기
통
垃圾桶

우편함
信箱

정원
花園

응접실

客廳

옥실

浴室

부엌

廚房

침실

臥室

아이들 방

兒童房

식사실

餐廳

집 - 房子

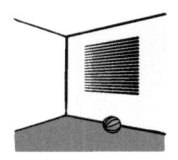

바닥

地板

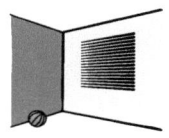

벽

牆壁

천장

天花板

지하실

地窖

사우나

三溫暖

발코니

陽臺

테라스

露臺

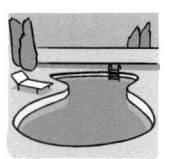

수영장

游泳池

잔디 깎는 기계

割草機

침대 시트

被單

이불

床罩

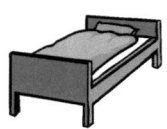

침대

床

빗자루

掃帚

양동이

水桶

스위치

開關

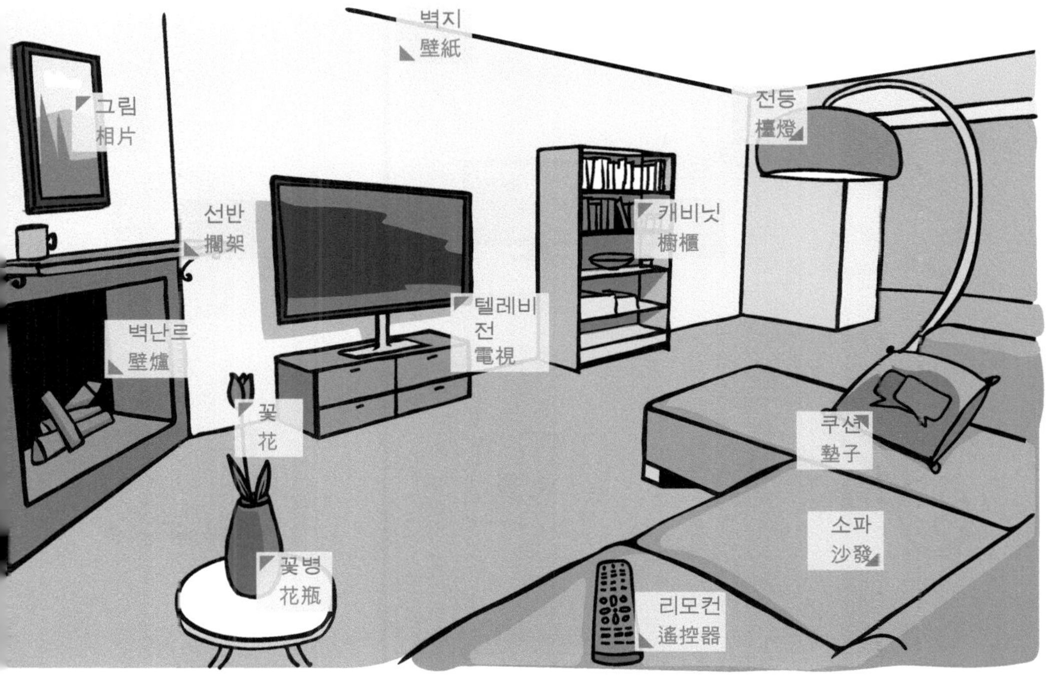

그림
相片

벽지
壁紙

전등
檯燈

선반
攔架

캐비닛
櫥櫃

벽난르
壁爐

텔레비
전
電視

쿠션
墊子

꽃
花

소파
沙發

꽃병
花瓶

리모컨
遙控器

카페트

地毯

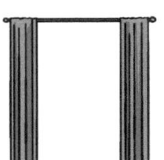

커튼

窗簾

탁자

餐桌

의자

椅子

흔들의자

搖椅

안락의자

扶手椅

책
書

담요
毯子

장식
裝飾品

뗄감나무
木柴

영화
電影

하이파이 기기
高傳真音響

열쇠
鑰匙

신문
報紙

회화
油畫

포스터
海報

라디오
收音機

노트
筆記本

진공청소기
吸塵器

선인장
仙人掌

초
蠟燭

부엌
廚房

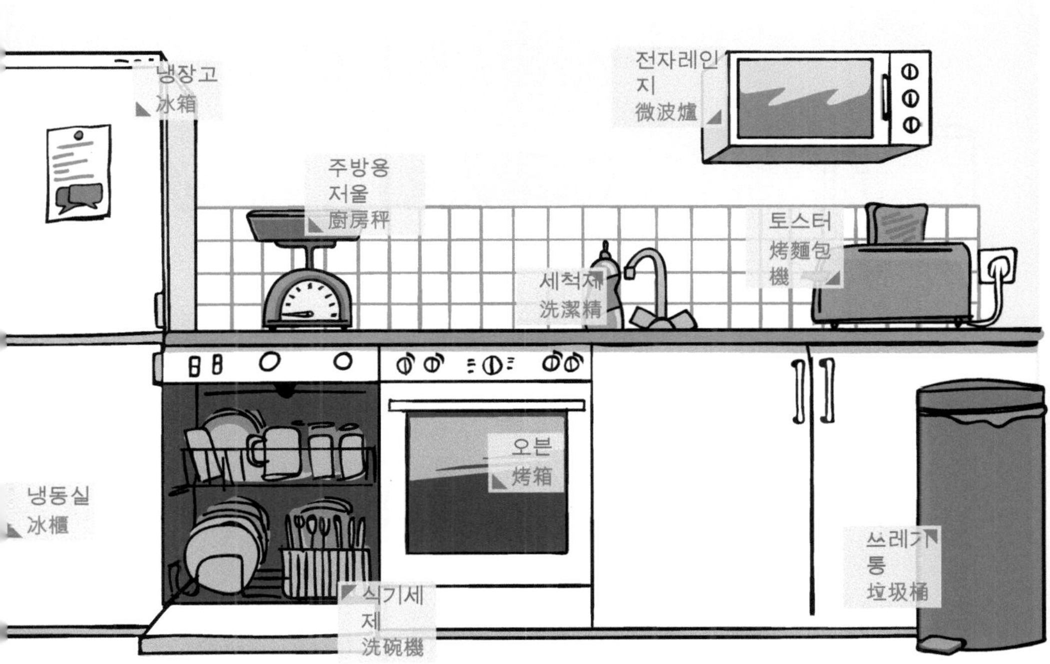

냉장고
冰箱
전자레인지
微波爐
주방용 저울
廚房秤
토스터
烤麵包機
세척제
洗潔精
오븐
烤箱
냉동실
冰櫃
쓰레기통
垃圾桶
식기세제
洗碗機

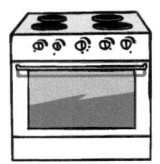

쿠커

炊具

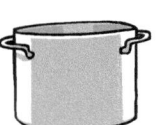

냄비

鍋

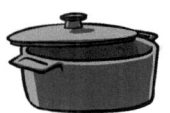

주철 냄비

鑄鐵鍋

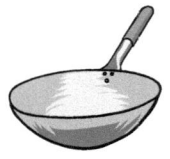

웍 / 카다이 냄비

炒鍋

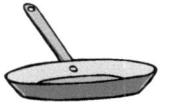

프라이팬

平底鍋

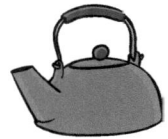

주전자

水壺

찜기

蒸鍋

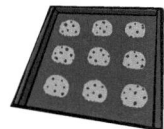

오븐 구이용 쟁반

烤盤

그릇

陶瓷鍋

머그

馬克杯

양푼이

碗

젓가락

筷子

국자

長柄勺

주걱

鏟子

거품기

攪拌器

여과기

濾網

체

篩子

강판

磨碎機

절구

研缽

바베큐

燒烤

화덕

明火

도마

菜板

밀방망이

擀麵杖

코르크 병따개

開瓶器

캔

罐子

캔 따개

開罐器

냄비 받침

隔熱手套

개수대

水槽

솔

刷子

수세미

海綿

블렌더

攪拌機

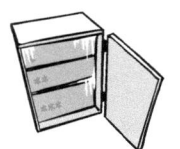

냉동고

冷藏箱

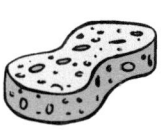

젖병

奶瓶

수도꼭지

水龍頭

욕실

浴室

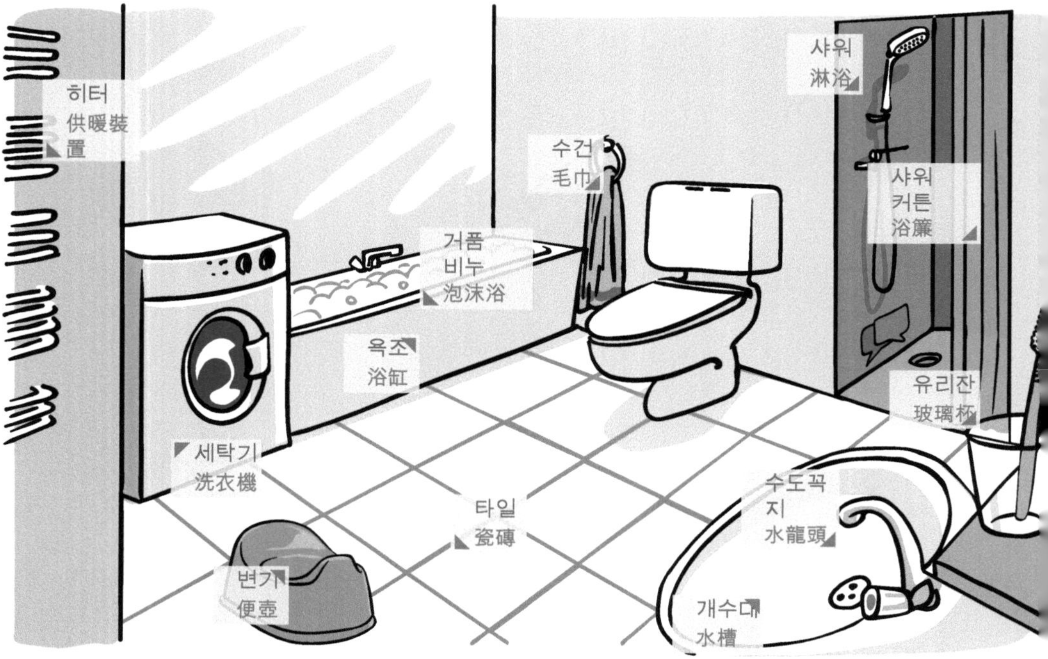

히터
供暖装置
샤워
淋浴
수건
毛巾
샤워
커튼
浴簾
거품
비누
泡沫浴
욕조
浴缸
유리잔
玻璃杯
세탁기
洗衣機
수도꼭
지
水龍頭
타일
瓷磚
변기
便壺
개수대
水槽

화장실

厕所

재래식 화장실

蹲便器

비데

坐浴器

공중 변소

小便斗

화장지

厕紙

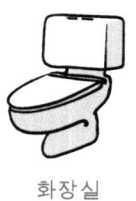

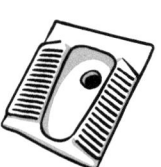

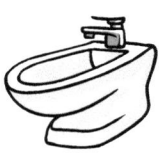

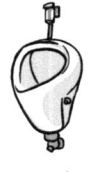

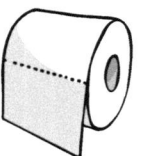

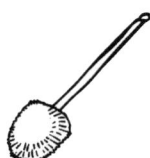

변기솔

馬桶刷

치솔
....
牙刷

치약
....
牙膏

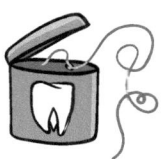

치실
....
牙線

씻다
....
洗

샤워기
....
手持式蓮蓬頭

질 세척제
....
沖洗器

대야
....
洗臉盆

등밀이솔
....
洗背刷

비누
....
肥皂

샤워 젤
....
沐浴露

샴푸
....
洗髮乳

물걸레
....
法蘭絨

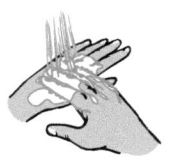

배수관
....
排水

크림
....
乳霜

체취 제거제
....
除臭劑

거울

鏡子

휴대용 거울

手鏡

면도기

刮鬍刀

면도 거품

刮鬍泡沫

에프터쉐이브

鬚後水

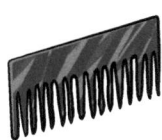

빗

梳子

솔

刷子

헤어드라이기

吹風機

헤어스프레이

噴髮定型劑

메이크업

化妝品

립스틱

唇膏

손톱깎이

指甲油

면 솜

化妝棉

손톱

指甲剪

향수

香水

세면도구 주머니

洗漱包

스툴

凳子

저울

計重秤

목욕 가운

浴袍

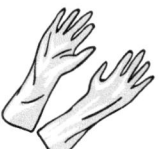

고무 장갑

橡膠手套

탐폰

衛生棉條

생리대

衛生棉

화학 화장실

化學廁所

아이들 방

兒童房

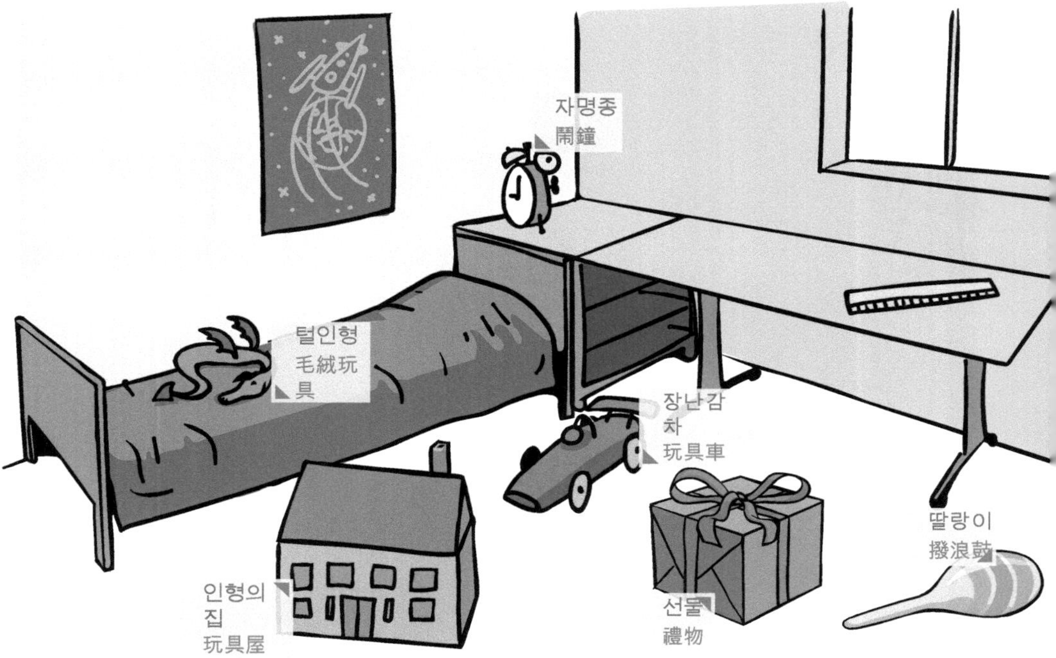

자명종
鬧鐘
털인형
毛絨玩具
장난감차
玩具車
딸랑이
撥浪鼓
인형의 집
玩具屋
선물
禮物

풍선

氣球

침대

床

유모차

嬰兒車

카드 게임

撲克牌

퍼즐

拼圖

SUPER MEGA

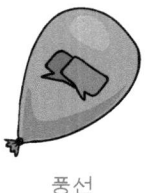

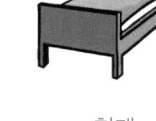

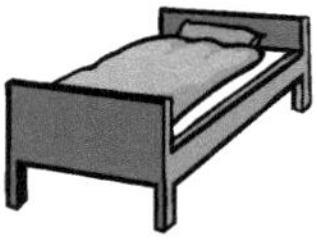

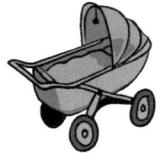

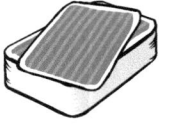

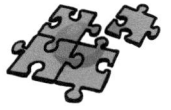

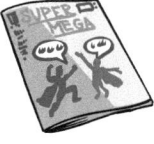

만화

漫畫

레고

樂高積木

장난감 블럭

積木玩具

액션 캐릭터

公仔

베이비 그로

嬰兒服

프리스비

飛盤

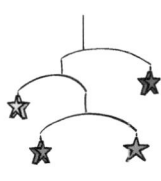

모빌

床鈴玩具

보드 게임

棋盤遊戲

주사위

骰子

기차 모형 세트

火車模型

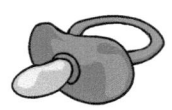

노리개 젖꼭지

安撫奶嘴

파티

派對

그림책

繪本

공

球

인형

洋娃娃

놀다

玩

모래상자

沙坑

그네

鞦韆

장난감

玩具

비디오 게임 콘솔

電玩遊戲

세바퀴자전거

三輪車

곰인형

泰迪熊

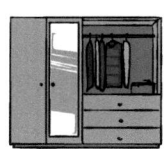

옷장

衣櫃

의복
衣服

양말

襪子

스타킹

長襪

스타킹

緊身褲

스카프
圍巾

허리띠
皮帶

우산
雨傘

티셔츠
T恤

부츠
靴子

슬리퍼
拖鞋

운동화
運動鞋

샌들
涼鞋

신발
鞋

고무 장화
雨靴

팬티
內褲

브래지어
胸罩

러닝 셔츠
背心

의복 - 衣服

45

바디

身體

바지

褲子

청바지

牛仔褲

치마

短裙

블라우스

女式襯衫

셔츠

襯衫

풀오버

套頭衫

후드티

連帽上衣

블레이저

西裝夾克

자켓

夾克

외투

外套

비옷

雨衣

의상

套裝

원피스

連衣裙

웨딩 드레스

婚紗

양복

西裝

나이트가운

睡袍

잠옷

睡衣

사리

莎麗

두건

頭巾

터번

包頭巾

부르카

波卡

카프탄

卡夫坦

아바야

(阿拉伯式)長袍

수영복

泳衣

수영바지

男式泳褲

반바지

短褲

트레이닝복

運動服

앞치마

圍裙

장갑

手套

단추

鈕扣

안경

眼鏡

팔찌

手鏈

목걸이

項鍊

반지

戒指

귀걸이

耳環

캡 모자

便帽

옷걸이

衣架

모자

帽子

넥타이

領帶

지퍼

拉鍊

헬멧

安全帽

멜빵

背帶

교복

校服

유니폼

制服

의복 - 衣服

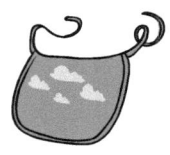

턱받이

圍兜

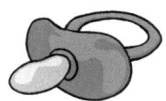

노리개 젖꼭지

安撫奶嘴

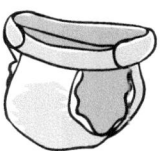

기저귀

尿布

사무실
辦公室

서버
伺服器
서류
캐비닛
檔案櫃
종이
紙
인쇄기
印表機
모니터
螢幕
책상
辦公桌
마우스
滑鼠
폴더
資料夾
자판기
鍵盤
휴지통
廢紙簍
컴퓨터
電腦
의자
椅子

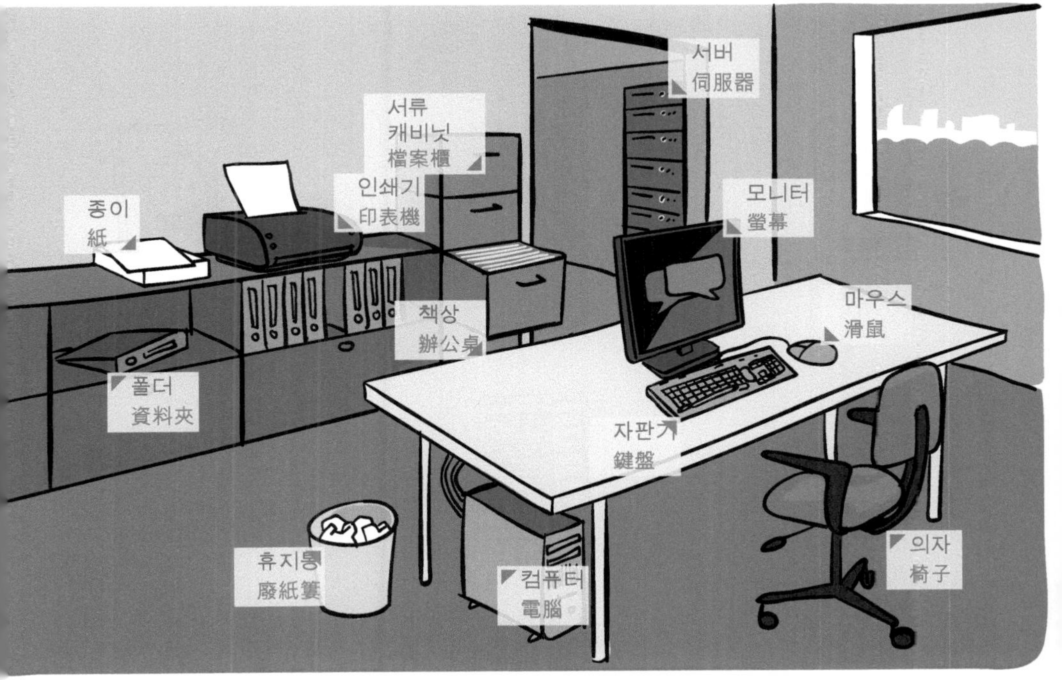

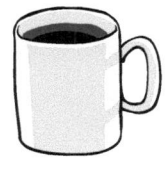

커피잔

咖啡杯

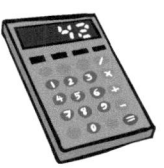

계산기

計算機

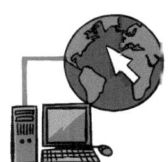

인터넷

網際網路

노트북

筆記型電腦

편지

信件

메시지

簡訊

휴대전화

行動電話

네트워크

網路

복사기

影印機

소프트웨어

軟體

전화

電話

플러그 소켓

插座

팩시밀리

傳真機

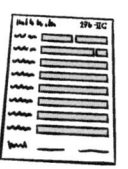

서식

表格

서류

檔案

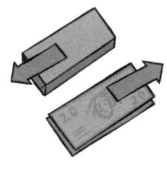

사다

買

지불하다

付錢

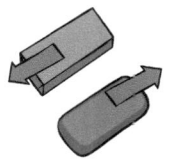

거래하다

交易

돈

現金

달러

美元

유로

歐元

엔

日元

루벨

盧布

스위스 프랑

瑞士法郎

위안

人民幣

루피

盧比

현금인출기

提款處

환전소
外幣兌換處

금
金

은
銀

석유
石油

에너지
能源

가격
價格

계약
合約

세금
稅金

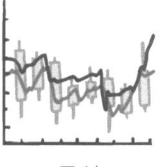

주식
股票

일하다
工作

근로자
職員

고용주
老闆

공장
工廠

상점
商店

경제 - 經濟

직업
職業

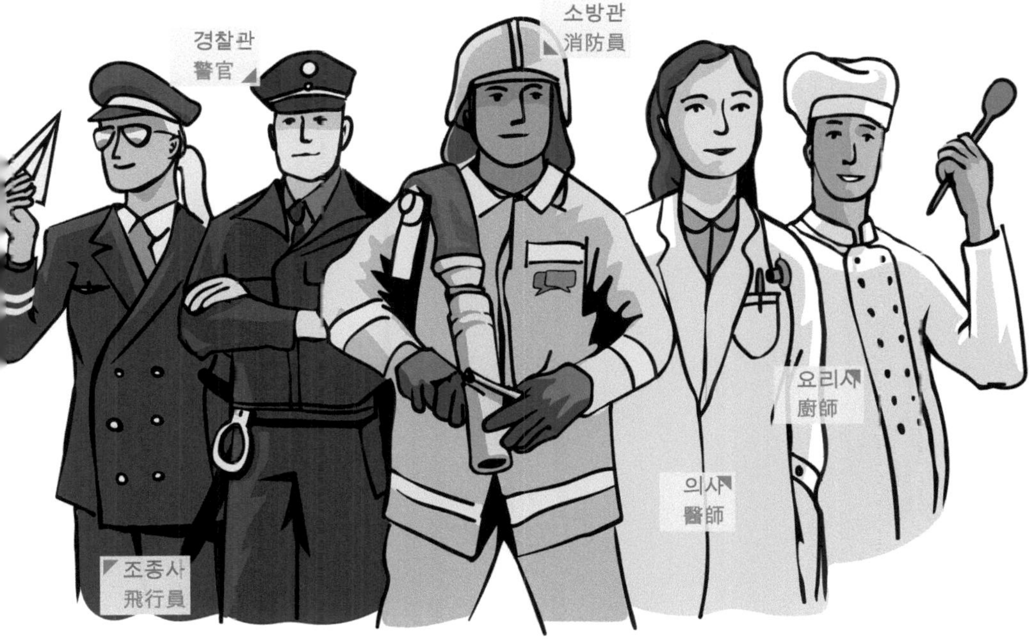
경찰관
警官
소방관
消防員
요리사
廚師
의사
醫師
조종사
飛行員

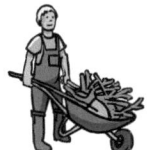

정원사

園丁

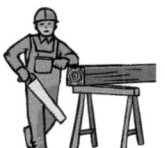

목수

木匠

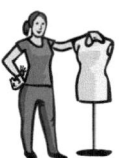

수선공

裁縫

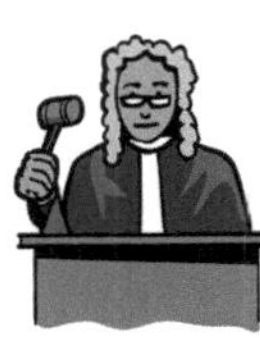

판사

法官

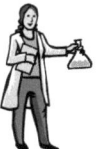

화학자

化學家

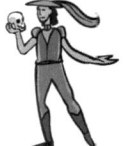

배우

演員

버스운전사

公車司機

택시 운전사

計程車司機

어부

漁夫

청소부

清洗女工

지붕 수리자

屋頂工

웨이터

服務生

사냥꾼

獵人

화가

畫家

제빵사

麵包師

전기업자

電工

건축업자

建築工人

엔지니어

工程師

정육점업자

屠夫

배관업자

水管工

우편물 배달부

郵差

군인

士兵

건축가

建築師

계산원

收銀員

플로리스트

花農

미용사

理髮師

검표원

售票員

정비사

機械技師

선장

船長

치과의사

牙醫

학자

科學家

유대교 라비

拉比

이맘

伊瑪目

수도승

和尚

사제

牧師

연장
工具

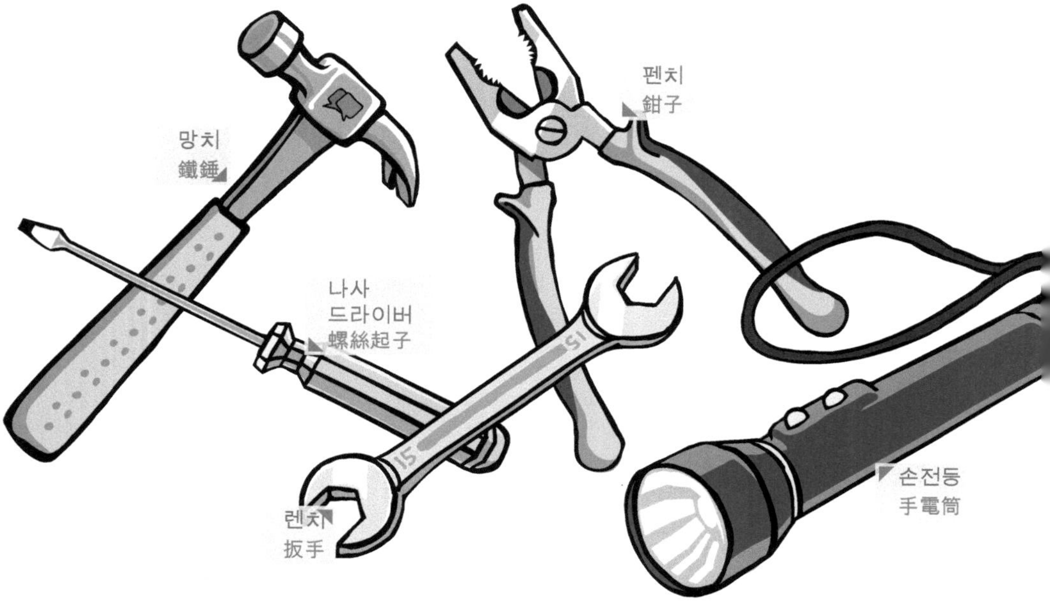

망치
鐵錘
펜치
鉗子
나사
드라이버
螺絲起子
렌치
扳手
손전등
手電筒

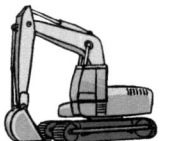

굴삭기

挖掘機

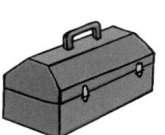

연장통

工具箱

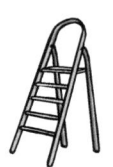

사다리

梯子

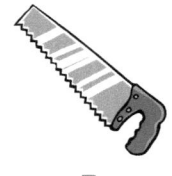

톱

鋸子

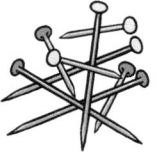

못

釘子

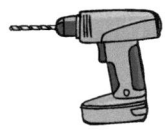

드릴

鑽機

수리하다

修

삽

鏟子

하 손 망치

젠장!

糟糕！

쓰레받기

畚箕

페인트통

油漆桶

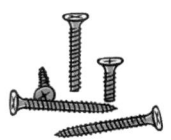

나사

螺絲

악기

樂器

스피커
揚聲器

드럼
打擊樂
器

기타
吉他

콘트라베
이스
低音提琴

트럼펫
小號

피아노

鋼琴

바이올린

小提琴

베이스

貝斯

팀파니

定音鼓

북

鼓

키보드

電子琴

색소폰

薩克斯風

플루트

長笛

마이크

麥克風

동물원

動物園

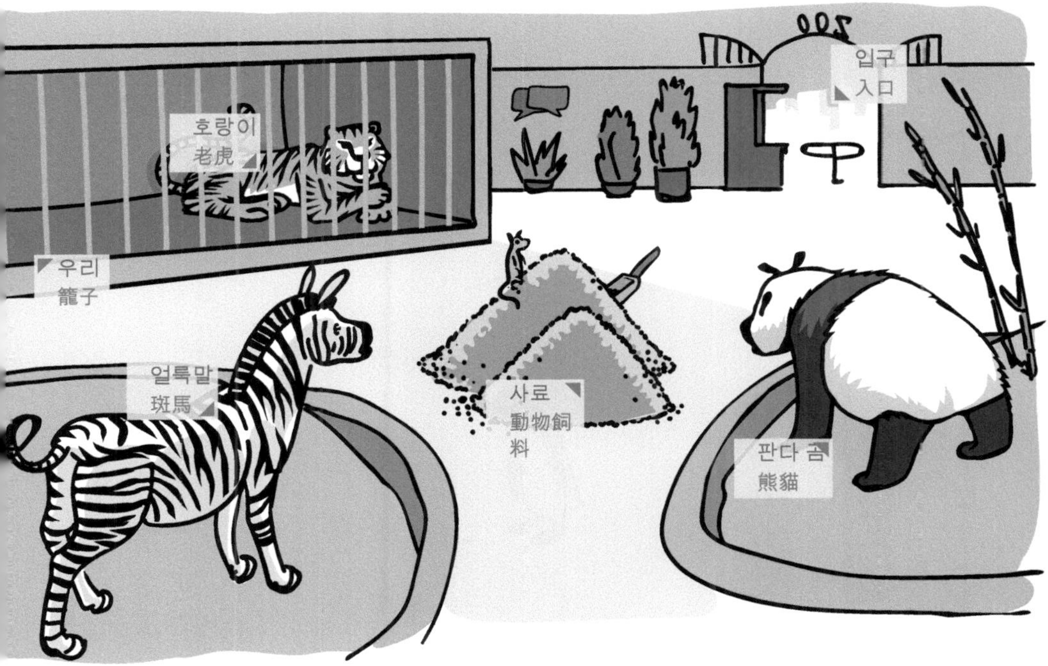

호랑이
老虎
우리
籠子
얼룩말
斑馬
사료
動物飼料
판다 곰
熊貓
입구
入口

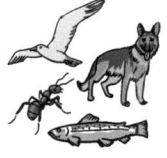

동물

動物

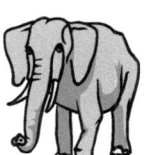

코끼리

大象

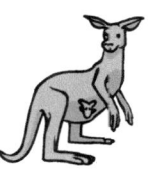

캥거루

袋鼠

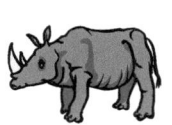

코뿔소

犀牛

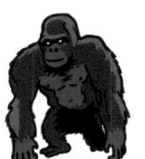

고릴라

大猩猩

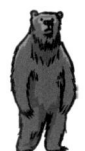

곰

熊

낙타

駱駝

타조

鴕鳥

사자

獅子

원숭이

猴子

홍학

紅鶴

앵무새

鸚鵡

북극곰

北極熊

펭귄

企鵝

상어

鯊魚

공작

孔雀

뱀

蛇

악어

鱷魚

동물원 사육사

動物園管理員

물개

海豹

재규어

美洲豹

60

동물원 - 動物園

조랑말

矮種馬

표범

豹

하마

河馬

기린

長頸鹿

독수리

老鷹

맷돼지

野猪

생선

魚

거북이

龜

바다코끼리

海象

여우

狐狸

영양

羚羊

미식축구
橄欖球

자전거 경기
騎腳踏車

테니스
網球

농구
籃球

수영
游泳

권투
拳擊

아이스하키
冰球

축구

美式足球

배드민턴

羽毛球

육상 경기

田徑

핸드볼

手球

스키

滑雪

폴로

馬球

뛰어오르다
跳

포옹하다
擁抱

웃다
笑

걷다
走路

노래하다
唱

꿈꾸다
做夢

기도하다
祈禱

입맞추다
親吻

쓰다
書寫

그리다
畫

보여주다
展示

밀다
推

주다
給

받다
拿

가지다

有

행하다

做

...이다

當

서있다

站

뛰다

跑

당기다

拉

던지다

丟

떨어지다

摔倒

누워있다

躺

기다리다

等待

운반하다

攜帶

앉다

坐

옷을 입다

穿衣

자다

睡覺

깨다

醒來

보다

看

울다

哭

쓰다듬다

擊

빗다

梳頭

말하다

交談

이해하다

明白

묻다

問

듣다

聽

마시다

喝

먹다

吃

정리하다

清理

사랑하다-

愛

요리하다

做飯

주행하다

開車

날다

飛

해항하다

航行

계산하다

計算

읽다

讀

배우다

學習

일하다

工作

결혼하다

結婚

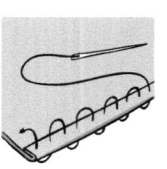

바느질하다

縫

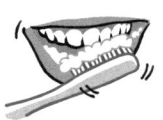

이를 닦다

刷牙

죽이다

殺

담배 피우다

抽菸

보내다

寄

할머니
祖母

할아버지
祖父

아버지
父親

어머니
母親

아기
嬰兒

딸
女兒

아들
兒子

손님
客人

이모 / 고모
阿姨

삼촌
叔叔

형제
兄弟

자매
姐妹

가족 - 家

몸통
身體

이마
前額
눈
眼睛
어깨
肩膀
손가락
手指
얼굴
臉
턱
下巴
손가락
手
가슴
乳房
다리
腿
팔
手臂

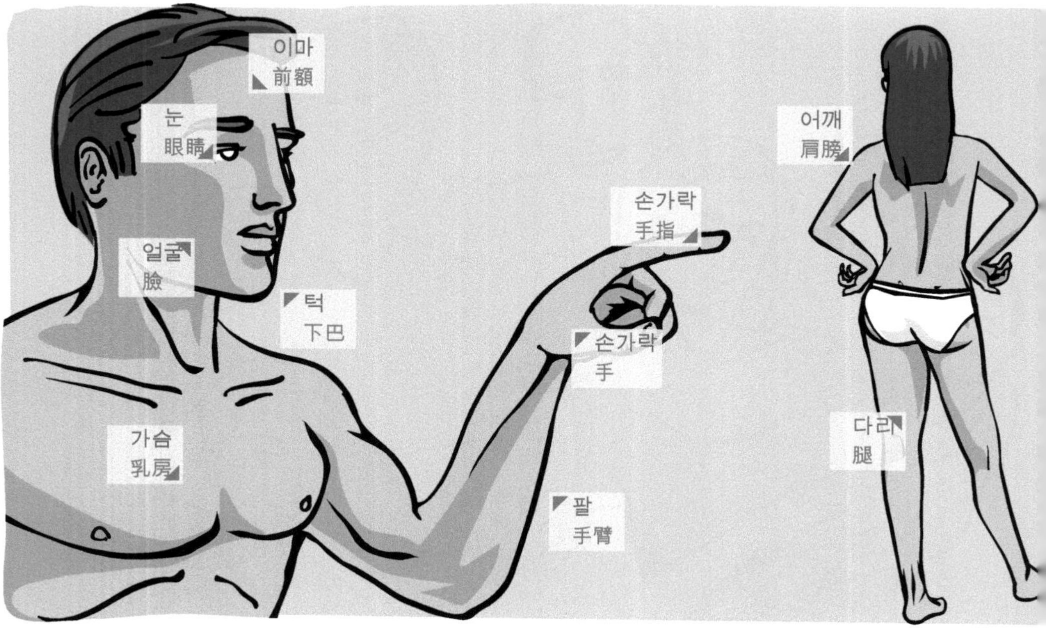

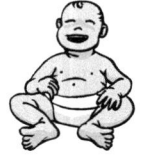

아기
嬰兒

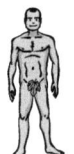

남자
男人

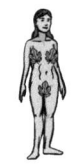

여자
女人

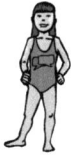

소녀
女孩

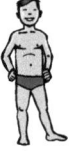

소년
男孩

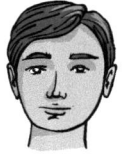

머리카락
頭

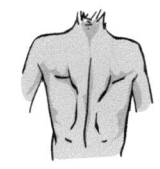

등
背部

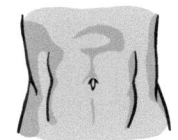

배
肚子

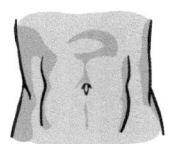

배꼽
肚臍

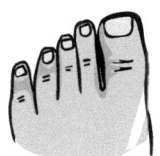

발가락
腳趾

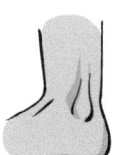

발꿈치
腳後跟

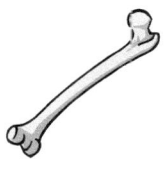

뼈
骨頭

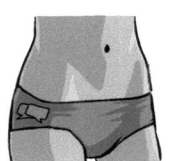

엉덩이
臀部

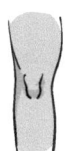

무릎
膝蓋

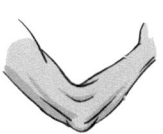

팔꿈치
手肘

코
鼻子

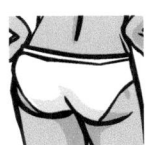

둔부
屁股

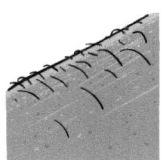

피부
皮膚

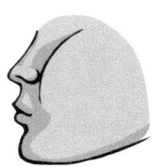

뺨
臉頰

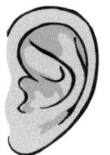

귀
耳朵

입술
嘴唇

입
嘴

치아
牙齒

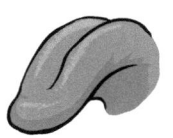

혀
舌頭

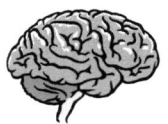

뇌
腦

심장
心臟

근육
肌肉

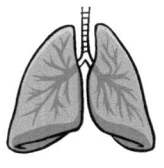

허파
肺

간
肝臟

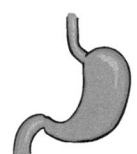

위
胃

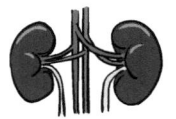

신장
腎臟

성교
性交

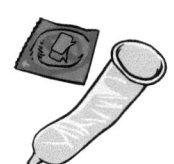

콘돔
保險套

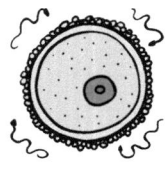

난자
卵子

정자
精子

임신
懷孕

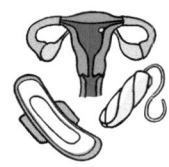

월경

月事

질

陰道

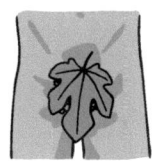

음경

陰莖

눈썹

眉毛

머리카락

頭髮

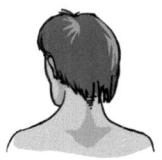

목

脖子

병원

醫院

병원
醫院

구급차
急救車

휠체어
輪椅

골절
骨折

의사

醫師

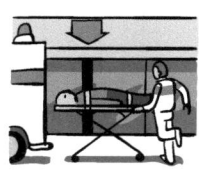

응급실

急診室

간호사

護理師

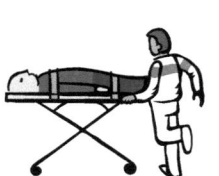

응급상황

緊急情形

혼수상태

昏迷

통증

痛

부상

受傷

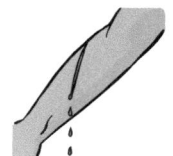

출혈

出血

심장마비

心臟病發作

뇌졸중

中風

알러지

過敏

기침

咳嗽

열

發燒

독감

流感

설사

腹瀉

두통

頭痛

암

癌症

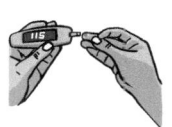

당뇨병

糖尿病

외과의

外科醫師

수술용 메스

手術刀

수술

手術

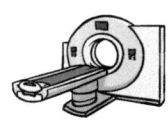

CT

電腦斷層掃描

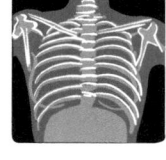

엑스레이

X光

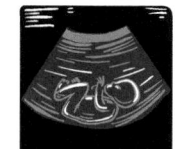

초음파

超音波

마스크

口罩

질병

疾病

대기실

候診室

목발

拐杖

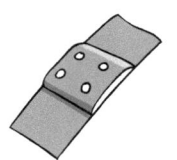

반창고

石膏

붕대

繃帶

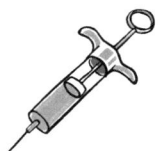

주사

注射

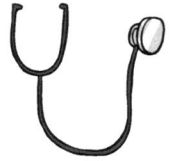

청진기

聽診器

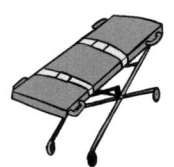

들것

擔架

체온계

體溫計

출생

出生

과체중

超重

보청기

助聽器

소독약

消毒液

감염

感染

바이러스

病毒

HIV / AIDS

愛滋病

의학

藥物

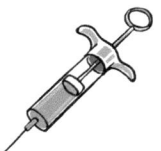

예방접종

接種疫苗

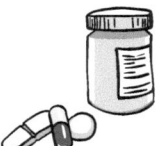

알약

藥片

알약

藥丸

구급 전화

急救電話

혈압측정기

血壓計

병든 / 건강한

生病/健康

경보음

警報

폭행

突擊

도와주세요!

救命！

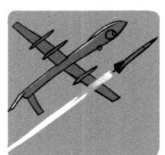

공격

攻擊

위험

危險

비상구

緊急出口

불이야!

失火了！

소화기

滅火器

사고

意外

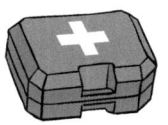

구급 상자

急救箱

SOS

呼救訊號

경찰

員警

유럽

歐洲

북미

北美洲

남미

南美洲

아프리카

非洲

아시아

亞洲

호주

澳洲

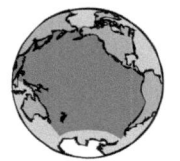

북극

大西洋

태평양

太平洋

인도양

印度洋

남극해

南冰洋

북극해

北冰洋

북극해

北極

남극해

南極

남극

南極洲

지구

地球

육지

陸地

바다

海

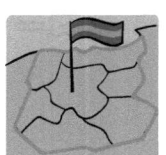

섬

島

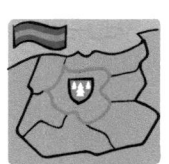

국가

國家

주

州

78 　　　　지구 - 地球

시계 문자판

錶盤

시침

時針

분침

分針

초침

秒針

몇 시입니까?

現在幾點?

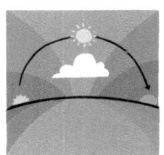

일

天

시간

時間

지금

現在

디지털 시계

電子錶

분

分

시간

時

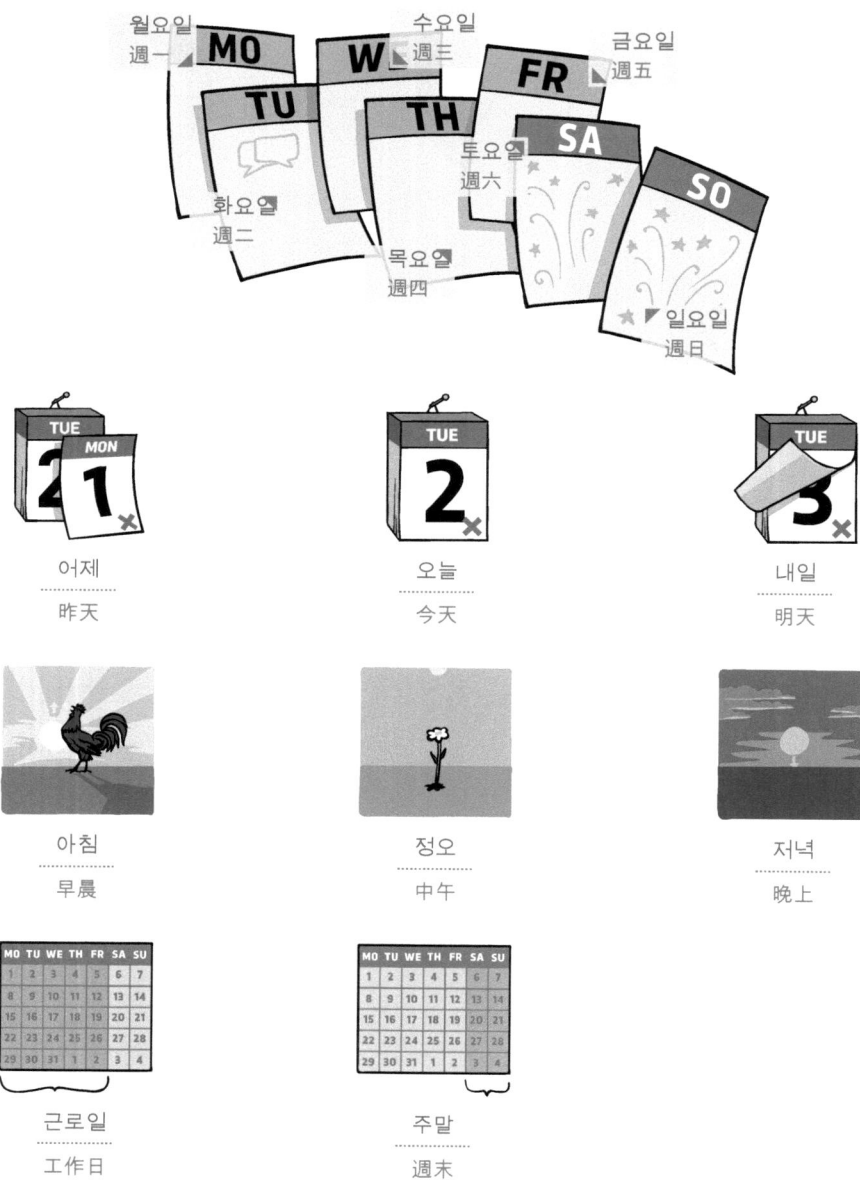

월요일
週一

수요일
週三

금요일
週五

화요일
週二

목요일
週四

토요일
週六

일요일
週日

어제
昨天

오늘
今天

내일
明天

아침
早晨

정오
中午

저녁
晚上

근로일
工作日

주말
週末

비
雨

무지개
彩虹

봄
春

바람
風

눈
雪

여름
夏

가을
秋

겨울
冬

날씨 예보

天氣預告

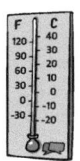

온도계

溫度計

햇빛

陽光

구름

雲

안개

霧

습도

潮濕

번개

閃電

천둥

打雷

폭풍

風暴

우박

冰雹

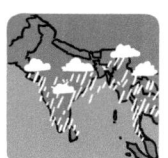

장마

季風

홍수

洪水

얼음

冰

1월

一月

2월

二月

3월

三月

4월

四月

5월

五月

6월

六月

7월

七月

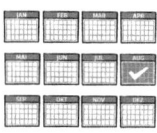

8월

八月

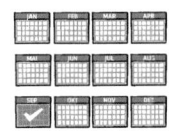

9월
....
九月

10월
....
十月

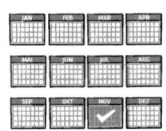

11월
....
十一月

12월
....
十二月

형태
形狀

원
....
圓形

정사각형
....
正方形

직사각형
....
長方形

삼각형
....
三角形

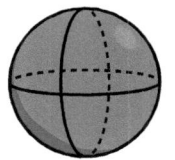

구
....
球體

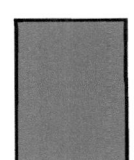
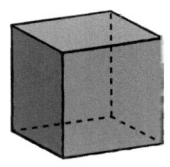

정사면체
....
立方體

하양

白

노랑

黃

주황

橙

분홍

粉

빨강

紅

보라

紫

파랑

藍

초록

綠

갈색

棕

회색

灰

검정

黑

많은 / 적은

很多/少許

화난 / 차분한

生氣/平靜

아름다운 / 추한

美/醜

시작 / 끝

首/尾

큰 / 작은

大/小

밝은 / 어두운

明/暗

형제 / 자매

兄弟/姐妹

깨끗한 / 더러운

乾淨/骯髒

완전한 / 불완전한

完整/缺失

낮 / 밤

白天/晚上

죽은 / 산

死/生

넓은 / 좁은

寬/窄

삭용의 / 비식용의

可食用/非食用

불친절한 / 친절한

邪惡/善良

흥분된 / 지루한

興奮/無聊

뚱뚱한 / 마른

胖/瘦

처음으로 / 마지막으로

第一/最後

친구 / 적

朋友/敵人

꽉 찬 / 텅 빈

滿/空

딱딱한 / 부드러운

硬/軟

무거운 / 가벼운

重/輕

배고픔 / 목마름

餓/渴

병든 / 건강한

生病/健康

불법 / 합법

非法/合法

영리한 / 어리석은

聰明/愚笨

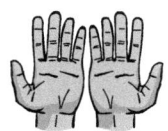

왼 / 오른

左/右

가까운 / 먼

近/遠

새 / 헌

新/舊

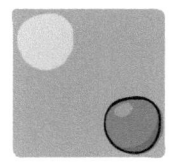

무 / 유

沒有/有些

늙은 / 젊은

老/幼

온 / 오프

開/關

열린 / 닫힌

打開/闔上

조용한 / 시끄러운

安靜/吵鬧

부유한 / 가난한

富/窮

옳은 / 틀린

對/錯

거친 / 매끄러운

粗糙/光滑

슬픈 / 기쁜

傷心/高興

짧은 / 긴

短/長

느린 / 빠른

慢/快

젖은 / 마른

濕/乾

따뜻한 / 시원한

溫暖/涼爽

전쟁 / 평화

戰爭/和平

반대 - 反義詞

숫자
數字

0

영
一·一·一·一·一
零

1

하나
一·一·一·一·一
一

2

둘
一·一·一·一·一
二

3

셋
一·一·一·一·一
三

4

넷
一·一·一·一·一
四

5

다섯
一·一·一·一·一
五

6

여섯
一·一·一·一·一
六

7

일곱
一·一·一·一·一
七

8

여덟
一·一·一·一·一
八

9

아홉
一·一·一·一·一
九

10

열
一·一·一·一·一
十

11

열하나
一·一·一·一·一
十一

12

열둘

十二

13

열셋

十三

14

열넷

十四

15

열다섯

十五

16

열여섯

十六

17

열일곱

十七

18

열여덟

十八

19

열아홉

十九

20

스물

二十

100

백

百

1.000

천

千

1.000.000

백만

百萬

숫자 - 數字

영어

英語

미국식 영어

美式英語

중국어 만다린

普通話

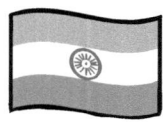

힌두어

印地語

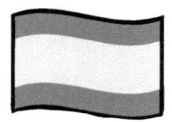

스페인어

西班牙語

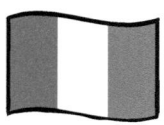

프랑스어

法語

아랍어

阿拉伯語

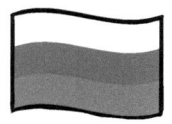

러시아어

俄語

포르투갈어

葡萄牙語

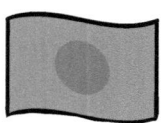

불가리아어

孟加拉語

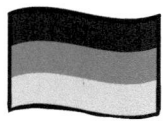

독일어

德語

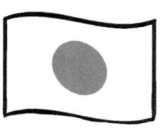

일본어

日語

나

我

너

你

그 / 그녀 / 그것

他/她/它

우리

我們

너희들

你們

그들

他們

누가?

誰？

무엇이?

什麼？

어떻게?

如何？

어디서?

何處？

언제?

何時？

이름

名字

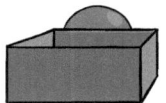

뒤에
......
後面

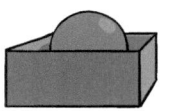

안에
......
裡面

앞에
......
前面

위에
......
上方

위에
......
上面

아래에
......
下麵

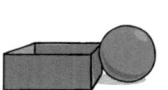

옆에
......
旁邊

사이에
......
中間

장소
......
地點